CATALOGUE

D'ESTAMPES

ET DESSINS

SUR LES ANTIQUITÉS, L'ARCHITECTURE, LES ORNEMENTS

Divers Recueils sur les beaux-arts

DESSINS CHINOIS, ETC.

Provenant de la Collection de M. **P. D.**

3me VENTE

QUI AURA LIEU

Les mercredi 20 et jeudi 21 avril 1859

A UNE HEURE.

HOTEL DES VENTES MOBILIÈRES

Rue Drouot, 5

SALLE N° 3

Par le ministère de M° **DELBERGUE-CORMONT**, C°-Priseur,
rue de Provence, 8,

Assisté de M. **CLEMENT**, marchand d'Estampes
rue des Saints-Pères, 3

Chez lesquels se distribue le Catalogue

EXPOSITION PUBLIQUE

Le Mardi 19 Avril, de une heure à cinq.

PARIS

RENOU ET MAULDE

IMPRIMEURS DE LA COMPAGNIE DES COMMISSAIRES-PRISEURS
Rue de Rivoli, 144.

1858

CATALOGUE

D'ESTAMPES

ET DESSINS

SUR LES ANTIQUITÉS, L'ARCHITECTURE, LES ORNEMENTS

Divers Recueils sur les beaux-arts

DESSINS CHINOIS, ETC.

Provenant de la Collection de M. **P. D.**

3me VENTE

QUI AURA LIEU

Les mercredi 20 et jeudi 21 avril 1859

A UNE HEURE.

HOTEL DES VENTES MOBILIÈRES

Rue Drouot, 5

SALLE N° 3

Par le ministère de Me **DELBERGUE-CORMONT**, C^{re}-Priseur,
rue de Provence, 8,

Assisté de **M. CLEMENT**, marchand d'Estampes
rue des Saints-Pères, 3

Chez lesquels se distribue le Catalogue

EXPOSITION PUBLIQUE

Le Mardi 19 Avril, de une heure à cinq.

1859

ORDRE DES VACATIONS.

1re VACATION LE MERCREDI 20 AVRIL.

N°s 86 à 160. Monuments d'architecture de diverses villes.

1 à 85. Antiquités, architecture, ornements, recueils.

186 à 226. Recueils sur les beaux-arts.

2me VACATION LE JEUDI 21 AVRIL.

161 à 185. Ornements.

226 bis à 294. Dessins d'architecture et d'ornements.

295 à 351. Dessins, vues et monuments de Paris et villes de France, etc.

352 à 359. Dessins chinois, esquisses peintes.

CONDITIONS DE LA VENTE

Elle sera faite au comptant.

Les acquéreurs paieront en sus des adjudications 5 pour cent applicables aux frais.

ESTAMPES & DESSINS

Architecture, antiquités, sculpture, ornéments, etc.

1 — **Androuet Ducerceau**. Temples antiques,
habitations fortifiées, etc., etc. 50 planches
marquées des lettres A à R inclusivement ; la
lettre I exceptée.

— Suite de 20 planches : composition de monuments antiques, temples, portiques et arcs
de Rome et de France. (Manque une planche.)
1 vol. in-fol., reliure du temps, en mauvais
état. Sur le plat, le nom de Pierre La Cripte.

Ces suites, regardées comme les premiers essais de
Ducerceau, sont d'une grande rareté ; on ne leur con-
naît pas de titre, ce qui ne permet pas d'en déterminer
ni le nombre ni la date.

2 — Livre d'architecture de Jaqves Androvet du Cer-
ceau, contenant les plans et dessaings de 50
bastimens tous différens, etc. Paris, 1559. —
Les practiqves dv sievr Fabre sur l'ordre et
reigle de fortifier, garder, attaquer et deffen-
dre les places. Paris, 1629. In-fol., veau.

3 — Androvetivs dv Cerceav Lectoribvs. S... *Aureliae*.
1551. 20 pl. rondes. Monument d'architecture
et de colonnades. In-fol., d.-rel.

4 — *Du même.* Livre des édifices antiques romains, contenant les ordonnances des plus signalez bastiments qui se trouvoient à Rome. 1584. Temples, arcs de triomphe, colonnes, etc. 46 feuilles contenant 94 planches, in-fol., d.-rel. (Manque le titre.)

5 — Pendants d'oreilles. 11 pièces rares par Ducerceau.

6 — Arabesques : quatre de la suite des grands et quatre des petits. 8 pièces, par Ducerceau.

7 — Deux cheminées, un puits, trois Termes, arc dorique et arc corinthien. 6 pièces, par Ducerceau.

8 — Petits temples, ruines, etc. 7 pièces.

9 — Théâtre des instrumens mathématiques et mechaniques de Jaques Besson, Dauphinois. A Lyon, 1594. Figures à l'eau-forte, attribuées à Ducerceau, in-fol., veau fauve.

10 — Titre d'un liure de Montant, graué par Paul Androuet Ducerceau. A Paris, chez Poilly.

11 — **Augustin Vénitien.** 1536. Termes antiques. 4 pièces (nos 301 à 304 de Bartsch); elles sont coupées en deux pour séparer chaque Terme.

12 — **Audran** (les). Statues et peintures antiques, gravées par Gérard, Benoît et Jean Audran. 14 pièces; plusieurs sont avant la lettre.

13 — **Baltard, architecte.** Arc de Titus à Rome, essai lithographique au lavis sur pierre. 2 p.

14 — **Barrière** (DOMINIQUE). Vues de la villa Aldo-
brandini. 20 pièces. — La place du Peuple à
Rome, décoration funèbre à la mémoire
d'Anne d'Autriche, de Mazarin, etc. 23 pièces.

15 — **Beatricet** (NICOLAS), 1532. Panneaux d'ornements (n°s 81, 83 et 84 de Bartsch). Le n° 81
double.

16 — Le fleuve le Nil et le fleuve le Tibre. 2 pièces,
par N. Beatricet. Epreuve d'un 1er état que n'a
pas signalé Bartsch, avant l'adresse de *Henri-
cus van Schoel excudit.*

17 — **Berain.** Son portrait, gravé par Susanne Silvestre et Duflos, en 1711, d'après Vivien. Très-
belle ép.

18 — Panneaux d'ornements, gravés d'après Berain
par Dolivart, Giffart, Scotin, etc. 7 pièces,
Belles épreuves.

19 — Panneaux de glaces et cheminées, gravés d'après
Berain par Giffart, Scotin, etc. 17 pièces. Belles
épreuves.

20 — Panneaux arabesques. 12 pièces d'après Berain.

21 — Grilles et balcons, gravés d'après Berain par
Scotin. 8 pièces.

22 — Panneaux d'ornements, commode en marqueterie, bras de cheminées, carrosse, petits arabesques, etc. 9 pièces d'après Berain.

23 — Candelabre, chapiteaux, entablements, etc. 6
pièces d'après Berain.

24 — L'île de Cythère. Dans la marge du bas, seize vers et *Berain*. Pièce très-rare, gravée d'après ce maître par Duflos.

25 — Mausolée du duc de Bourgogne, inventé et fait exécuter par J. Berain en 1712. Autre cérémonie funèbre. Pièce sans titre. Ces deux pièces gravées par Scotin et Dolivart.

26 — **Blasset** (N.). Modèles de miroirs. *Io Lenfant sculpt.* 2 pièces rares.

27 — **Blondel** (F.). Intérieur d'un monument antique, gravé en manière noire. Au bas à gauche, on lit : *F. Blondel invenit fecit* 1765. Pièce très-rare.

28 — **Boulle, célèbre ébéniste.** Panneau de marqueterie. Au bas, à gauche : *I. P. Boulle fecit C. P.*

29 — Autre panneau. A gauche : *I. Boulle f.* On remarque deux chaises à porteur.

29 bis. Autre panneau. A gauche : *I. Boulle f.*, et à Paris, chez Gautrot.

30 — **Bosse** (ABRAHAM). Panneau d'ornements avec quatre figures allégoriques.

31 — **Brenet.** Sarcophages, Fuite en Egypte. 5 pièces à l'eau-forte. Rome, 1759.

32 — **Casa** (NICOLA DE LA). Portrait de Baccio Bandinelli. Belle ép., rare.

33 — **Castellan.** Vues en Grèce et costumes grecs. 16 pièces à l'eau-forte.

34 — **Cherubin Albert.** Vases d'après Polydore. Suite de 10 pièces. (Manque le n° 7.)

35 — **Delaulne** (ETIENNE). Frises. 8 p. une est double.

36 — Ornements arabesques sur fond noir. Stephanus Delaulne, 1575. 16 pièces.

37 — **Dorigny** (MICHEL). Livre de diverses grotes-qves, peintes dans le cabinet et bains de la reyne régente av Palais-Royal, par Simon Vovet. 15 pièces compris le titre.

38 — Ornements dans un vestibule à Fontainebleau, d'après S. Vouet, en 1644, par M. Dorigny.

39 — Plan de Rome antique, par Etienne Duperac. A droite un cartouche avec la description des monuments; à gauche on lit : *Stephanvs Dvperac Archit. Stvdioso Lectori...* 1573. Ce plan très-rare n'est pas cité dans le peintre graveur français.

40 — I vestigi dell' antichita de Roma... da Steffano Dv Perac Parisino... Sur ce titre une dedicace à *Giacomo Bvoncompagni*, etc... *In Roma Lorenzo...* l'anno 1575. Cette dédicace se trouve répétée sur un second titre, dans un cartouche orné de figures allégoriques, les armes et les clefs de saint Pierre. 1 vol. in-fol., d.-rel. M. Robert Duménil, dans les quatre éditions qu'il décrit, ne parle pas de ce second titre qu'il n'a pas connu. Dans le premier titre qu'il décrit, il cite les mots : *Parta prima*, qui ne sont pas dans celui de notre exemplaire, où le manque de place indique qu'ils n'y ont jamais été. Toutes les quarante-deux planches sont superbes. Epreuves avec barbes et d'une parfaite conservation.

41 — **Feuchères, sculpteur.** Meubles dans le style du XVIᵉ siècle. 12 pièces à l'eau-forte, papier de Chine.

42 — **Gedeon Legaré.** Fleurs pour l'orfévrerie. 4 pièces.

43 — **Hollar** (WENCESLAS). Tombe du marquis d'Ormon, dîner d'investiture de Ferdinand, prince espagnol. 2 pièces. Belles épreuves. Rare.

44 — **Hopfer** (les) (DANIEL, JÉRÔME et LAMBERT). Trois panneaux d'ornements, par les trois Hopfer. 3 pièces. Ep. avant les numéros.

45 — Vases. 2 pièces par I. Hopfer ; une avant le numéro.

46 — Alphabet, par D. Hopfer. Belle épreuve avant le numéro.

47 — **La Belle** (ETIENNE DE). Le reposoir dédié à M. de Tubœuf.

48 — Vues de Rome, etc., nᵒˢ 168, 189 et 220 de l'œuvre de De La Belle, par Jombert. 4 pièces.

49 — **Ladame** (GEORGE). Hugues Brisville, maître serrurier, à l'âge de 30 ans, gravé par G. Ladame, en 1663. Portrait rare entouré d'une riche bordure d'ornement en serrurerie.

50 — **Lagrené.** Vases et ornements gravés en manière de lavis.

51 — **Leclerc** (SÉBASTIEN). Plafonds dans les salles d'un hostel baty à Stokholm pour M. le bᵒⁿ de Tessin. 2 jolies pièces. Belles épreuves.

52 — **Lemoine invenit et fecit.** Panneau d'ornement pour marqueterie.

53 — **Le Pautre**. Plafonds, bassin de Versailles, autel, bénitier, candelabre, Sainte Famille, etc. 12 pièces.

54 — **Marot** (DANIEL). Panneau d'ornement où est représenté Neptune et Amphitrite.

55 — **Pouget**, 1760. Vase représentant les mystères de Bacchus, donné au trésor de Saint-Denis par Charles III, dit le Simple, gravé d'après le dessin du Poussin qui est dans le cabinet du roi.

56 — **Prout**, artiste anglais. Études d'architecture du moyen âge. 11 pièces lithographiées.

57 — **Reindel** (A.). Châsse de saint Sebald, à Nuremberg. *A. Reindel del. et sculp.* 1821.

58 — **Rheimhart**. Vues et monuments d'Italie. Dix-sept paysages à l'eau-forte, dessinés d'après nature et gravés, de 1792 à 1793. Il en a deux doubles. 2 lots.

59 — **Rigault inv. et sculp**. Titre pour l'architecture hydraulique.

60 — **Roberday**, 1710. Essais de tabatières à l'usage des graveurs et ciseleurs, inventées et gravées par Roberday. 10 pièces rares.

61 — **Silvestre** (ISRAEL). Vue du jardin de la vigne Farnèse, élevé sur les ruines du palais Majeur, du côté qui regarde Campo-Vaccino. Belle épreuve du 1er état avant l'adresse de Mariette.

62 — Vue du Campo-Vaccino, dessiné et gravé par Israël Silvestre. Belle pièce.

63 — Vue de l'église de Saint-Pierre et du palais du Pape, dessinée et gravée par Israël Silvestre, en 1652. Grande estampe de deux feuilles.

64 — **Taraval, architecte** (PIERRE). Une vestale laissant éteindre le feu sacré ; son amant la rassure ; gravée d'après Pierre, en 1761. Rare.

65 — **Thomassin** (PHILIPPE). L'Enlèvement des Lapithes, composition dans un rond, par Bernardinus Passarus. Pièce rare gravée pour un bouclier.

66 — **Vailly** (de), architecte. Etudes de vases, meubles, etc. 12 pièces à l'eau-forte. Ep. papier de Chine.

67 — *Énéc Vico.* Vases d'après l'antique Rome, 1543. (Ce sont les n°s 493, 422, 423, 430, 432, 433 de Bartsch). Neuf pièces, dont quatre avant les numéros ; une est double avant et avec.

68 — **Vitraux.** Vitrail de l'église d'Exeter, par **W.** Peckitt.

69 — Vitraux de la cathédrale de Bourges. 5 pièces coloriées.

70 — Verrière à Auxerre et Sens. 2 pièces coloriées.

71 — Ornements de vitraux dans diverses cathédrales. 4 grandes pièces coloriées.

72 — Pages de la fin du monde dans le Psautier de saint Louis, à la bibliothèque de l'Arsenal.

73 — **Woeriot** (PIERRE). Suite de statues antiques de Rome. 27 pièces marquées du chiffre et de la croix de Lorraine. Rare.

74 — Pendants d'oreilles. Suite de **12** pièces. On lit au n° 1 : *P. Woeriot in. f.* 1555. Et la croix de Lorraine. Suite très-rare (manque les n°s **9, 10, 12**). Plus les n°s **3, 9** et **40** de la suite des bagues.

Portraits de sculpteurs et d'architectes.

74 bis — Robert de Cotte, architecte, gravé d'après Tortebat par Trouvain. Très-belle ép.

75 — Pierre Constant d'Ivry, architecte du roy, né à Ivry-sur-Seine, le 11 mai 1698, gravé d'après Houel par Vangelisty. Belle ép. d'un portrait rare.

76 — Jean-Rodolphe Perronet, architecte. *J.-L. Des-prées del. et sculp.* Portrait rare à l'eau-forte.

77 — Jean-Rodolphe Perronet, architecte, en **1782,** gravé par A. de Saint-Aubin, d'après C.-N. Cochin. Beau portrait.

78 — Jacques-Germain Souflot, architecte, né à Auxerre en 1694, et inhumé dans la nouvelle église de Sainte-Geneviève, construite sur ses dessins. Au bas huit vers et l'adresse de Bligny. Rare.

79 — Juste-Aurèle Meissonnier, architecte. J.-A. Meissonnier ad vivum del. *N. D. de Beauvais perfecit.* Belle ép. avec l'adresse d'Huquier. Rare.

80 — Buste de J.-B. Piranèse, architecte vénitien. *F. Polonzani faciebat,* 1750.

81 — Portrait de P.-F.-Léonard Fontaine, architecte du roi, gravé par Pannier.

82 — Monsieur Vivenel, architecte. On lit au coin à droite, en plus du nom : Fondateur du Musée de Compiègne, souvenir d'amitié, 17 mars 1844, Dom. Papety. Ep. sur papier de Chine avec autographe de M. Vivenel à M. Reynard. Ce portrait n'a pas été dans le commerce.

83 — A.-J.-M. Guenepin, architecte, membre de l'Institut, né à Paris, le 17 juin 1780, gravé par Dien.

84 — Maximilien Hurtault, architecte. Portrait lithographié. On a joint le catalogue de sa vente avec les prix.

85 — J.-T. Thibault, architecte. D'après un croquis de son ami Gérard, gravé par F. Gérard. Epreuve papier de Chine.

86 — A.-L.-T. Vaudoyer, architecte, membre de l'Institut, né à Paris, le 20 décembre 1756, lith. par *Marlet en* 1844.

Monuments d'architecture et d'antiquités dé diverses villes en Italie, en France, en Espagne, etc.

87 — Vue perspective de Venise en quatre feuilles.

88 — Vues de Venise et des environs, d'après Ant. Canaletti, par Marieschi, Vagner, etc. 13 pièces dont une par Israël Silvestre.

89 — Bataille entre les Grecs et les Perses. Grande mosaïque de Pompei.

Salon où se trouve la grande mosaïque, maison du Faune à Pompei. 3 pièces.

90 — Un Tournoi. *Ant. Lafrery Formis*, et le chiffre accolé. Belle pièce, anonyme.

91 — Temple d'Apollon d'Épicure. Fragments antiques de diverses parties de la Grèce, dessinés par *Abel Blouet, architecte*. 2 pièces gravées par Leisnier.

92 — Le Baptistaire de Florence. Ep. coloriée.

93 — Vue de la villa Pia à Rome, par Bouchet, architecte, Fragments d'architecture. 2 pièces.

94 — Antiquités, découvertes par G. Hamilton en 1790.

95 — Riche colonnade dessinée, gravée à l'eau-forte par Hazon, architecte, à Rome, en 1748.

96 — Palais Pitti. Pièce anonyme à l'eau-forte, dans le goût de Callot. Rare.

97 — Campo Vaccino. I. Prou delineavit et sculpsit.

98 — Obélisques égyptiens. 4 pièces. *J. Stuart del. et sculp.*

99 — Peintures grecque et persane, et bas-relief en terre cuite. 18 pièces coloriées.

100 — Vues et monuments d'Italie, dessinés d'après nature et gravés à l'eau-forte, de 1792 à 1796, par Diès et Mechau. 16 pièces.

101 — Vues du Colisée, Vérone, Chartreuse de Turin. de Florence, Vues de Rome, Tivoli, etc. 19 pièces.

102 — Plan des campaniles les plus célèbres et leur élévation ; Plan des plus célèbres églises de l'Europe ; Plafond de la salle Borgia, d'après Raphaël, au Vatican, et vue de Rome par Parboni, d'ap. Carrociolo. Ép. avant la lettre.

103 — Façade du dôme de Sienne et la Pieta, groupe
     d'Hippolyte Scalza d'Orvieto. 2 pièces.

104 — Plans de Florence en 1804 ; Milan, Palerme,
     1834 ; Venise, 1834, et carte des treize can-
     tons. 5 pièces.

105 — Ruines romaines, Campo Vaccino en 1773, et
     Basilique de Saint-Paul hors les murs. 5 piè-
     ces par Piranèse, etc.

106 — Temple de la Fortune, temple d'Agrippa, Arc de
     de Septime-Sévère, Piscines antiques, par N.
     Beatricet ; Statue de Marc-Aurèle marquée
     C. B ; divers ustensiles antiques. 6 pièces.

107 — *Vera Antiqvi capitolic descriptio. An. Sal. ex. —*
     Galassi Alghisii Carpens apvd Alphonsvm II
     Ferraria... etc. 1566, 2 pièces.

108 — Temple de Cupidon. *Ant. Salamanque ex.*

109 — Vues de Rome, Fontaines et monuments divers.
     18 pièces.

110 — Vues de Florence dessinée par Joseph Zocchi.
     22 pièces.

111 — Rome, Florence, Venise et Naples. 4 grandes
     pièces coloriées.

112 — Vue générale des villes de Milan, Trieste, Turin,
     Vérone et Munich. 5 grandes pièces colo-
     riées.

113 — Vues de Rome, traits coloriés. 2 grandes pièces
     par Cassas.

113 bis. Procession du pape à Saint-Pierre de Rome.
     Pièce gravée au lavis.

114 — Fragments d'antiquités. 3 pièces par Piranèse, dont une très-grande.

115 — Cathédrales d'Amiens, Abbayes de Saint-Denis, Rouen, Saint-Michel de Dijon, Cathédrale de Bourges, d'Orléans, de Saint-Gilles, Notre-Dame de Poitiers, Coutances, Sens, Angoulême et Tours. 12 pièces gravées d'après les dessins de Chapuis.

116 — Jubé de l'église de la Magdeleine à Troyes; Jubé de l'église de Saint-Etienne-du-Mont et façade de Gaillon, transporté à Paris. 3 pièces d'après Chapuy, par J. Leroy et Normand fils.

117 — Travaux du pont de Neuilly et ceux des ponts de Sainte-Maxence, d'Orléans, de Mantes, Melun, Nogent, etc. 8 pièces dessinées par Eustache de Saint-Far, gravées à l'eau-forte par Germain.

118 — Maisons, palais et sculptures du moyen âge à Rouen, Gisors, Gaillon, etc. 12 pièces.

119 — Église abbatiale de Saint-Ouen de Rouen. 3 pièces gravées par G. Audran et J. David, d'après Toutain.

119 bis. Cathédrale de Rouen. 3 pièces.

120 — Vues détachées des voyages romantiques en France, Picardie, Normandie, Franche-Comté, Auvergne, etc. 42 pièces.

121 — Monuments arabes de l'Alhambra et l'Alcazar de Séville, etc. 10 pièces.

122 — Deux vases arabes conservés à Grenade.

122 bis. Vues en Espagne. 15 pièces du voyage de M. Alex. de la Borde.

123 — Espagne artistique et monumentale. 30me liv., 4 pl.

124 — Plan du monastère de l'Escurial par Abraham Ortelius, en 1591.

125 — Vue de la ville de Vienne en Autriche, de divers côtés. 4 grandes pièces coloriées.

126 — Varsovie et Saint-Pétersbourg. 2 grandes pièces coloriées.

127 — La Cataracte du Rhin près Schaffoufe, au clair de la lune. La même, au lever du soleil. 2 pièces coloriées.

128 — Vue de Dresde du côté du sud-ouest; Vue du Belvédère au jardin de Brul, et Vue orientale du rocher Liziensteux dans la Suisse saxonne. 3 pièces coloriées.

129 — Plans et monuments de Cassel et Wesbaden. 2 pièces.

130 — Vue perspective de la place de Nuremberg peint par Laurent Strauch en 1590.

131 — Vue perspective de Nuremberg (1619), en 4 feuilles.

132 — Vue perspective de Rotterdam, patrie d'Erasme, en 4 feuilles avec description.

133 — Vue perspective de Delft en 2 feuilles; l'Eglise de cette ville et le Tombeau de l'amiral Tromp. 4 pièces.

234 — Vue intérieure de la vieille église d'Amsterdam.

235 — Description du parc d'Enguien, situé dans le comté de Hainaut. 16 pièces (manque la carte), par Romyn de Hooghe.

136 — Monuments du moyen âge à Liége ; Heïldeberg, Munich et Château d'Amboise. 4 pièces.

137 — Réunion de tous les monuments de la ville de Londres, par Ch. Robert Cockerell. Grande estampe sur papier de Chine et l'explication.

138 — Église de Westminster, Chapelle gothique d'Henri VII, Chapelle du palais de Saint-James, Salle des gardes à Windsor, etc. 7 pièces par Mackensie, architecte. Elles sont coloriées.

139 — Architecture du moyen âge. 15 pièces lithographiées par Nash. Sur fond teinté.

140 — Plan des villes d'Avignon, de Lyon, Liége, Cologne, 1624 ; Anvers, Amsterdam, etc. 6 pièces, d'après Hans Bol.

Monuments de sculpture, antiquités, etc.

141 — Monuments et vues diverses, par Bonnington et autres. 13 pièces.

142 — Statues antiques, camées, par Bouillon et autres. 15 pièces.

143 — Sur la statue antique de Vénus, découverte dans l'île de Milo en 1820, par Quatremère de Quincy. *Paris, Debure*, 1821. in-4, fig.

144 — Candélabres, fragments et peintures antiques. 5 pièces.

145 — Porte de l'église Saint-Pierre à Rome, œuvre d'Antonio Filarète. 6 pièces gravées par Second Bianchi.

146 — Antiqvarvm Statvarvm vrbis Romae... icones.
Romae. 1584. 67 pièces. Ornementi de Fabri-
chi antichi et moderni della cita de Roma. Romae, 1600. 24 pièces in-4, d.-rel.

146 bis. Statues antiques de Rome. *Ant. Lafreri*, 1551.
24 pièces.

147 — Statues du Nil et du Tibre, chevaux du Capitole,
etc. Ant. Lafreri, 1546. 6 pièces.

148 — Statues d'Apollon Hermaphrodite, bas-reliefs, etc.
7 pièces.

149 — La Louve de Rome, les éléphants, etc. *Ant. Lafreri*, 1552. 4 pièces, belles ép.

150 — Statues antiques de Rome, bas-reliefs, torse, etc.
19 pièces, par des graveurs italiens du xvi^e
siècle.

151 — Tombeaux des papes Léon XI, Alexandre VII,
Sixte IV, Innocent XI, Grégoire XIII et com-
tesse Mathilde dans la basilique du Vatican.
7 pièces.

152 — Entrevue de François Ier et d'Henri VIII, Bas-relief de l'hôtel de Bourgtheroude à Rouen.
5 pièces lithographiées par Fragonard.

153 — Frise de Polydore du Caravage. 8 pièces gravées
par P.-S. Bartoli.

154 — Les Quatre Saisons à Videuille, par Jacques Sa-
razin, sculpteur. 4 pièces par Daret en 1642.

155 — Figures allégoriques sculptées en marbre, par
Girardon de Marcy, Tubi et Coysevox, gravées
par Surrugue et Thomassin. Le poëme pasto-
ral, statue par Thierry, gravé par Cochin. 6
pièces.

156 — Tombeau du roi Ferdinand V et de la reine Isabelle, et Tombeau da la reine Jeanne.

157 — Huit pièces sculptures moyen âge.

158 — Eglise et fontaine gothique à Nuremberg. 2 pièces par *G. Widler, fec.*

159 — Le Bouclier d'Achille, bronze antique gravé par Pinelli; Ornements antiques, Bas-relief de la colonne antonine, Thermes Dioclétien. 8 pièces.

160 — Monuments arabes d'Egypte et de Syrie, mesurés et dessinés en 1845 par Giraud de Prangey. 5e liv., 4 pl.

Ornements, vases, arabesques, etc., par divers maîtres.

161 — Titre des Grotesques de Raphaël d'Urbin, peintes dans les loges du Vatican, dessinées et gravées par Fr. de la Guertière. *A Paris, chez Leblond.*

162 — L'Encensoir, copie de l'estampe de Martin Schoen.

163 — Armoiries et écusson de France et autres armoiries gravées au xviiᵉ siècle. 6 pièces.

164 — Deux vases riches d'ornements. On lit : *Horatius Scopa Nea in.* 1643. Rare.

165 — Recueil de vases, par de la Belle. 5 pièces.

166 — Vase dessiné par I. Panier, et gravé par J.-F. Janinet. 4 pièces imprimées en rouge.

167 — Trophées et vases nouvellement inventés par J.-B. Toro. 5 pièces. Trophée par Vassi, Médailles des rois de France. 7 pièces par N. Cochin.

168 — Vases nouveaux composés par Jaque ; Vase par J. Damery; autre, d'après Sally, par Delalive. 43 pièces.

169 — Chiffre de tout l'alphabet, par Mavelot, graveur et valet de chambre de Madame la dauphine.

170 — Antoine Le Mercier, d'après P. Collot. Rare, mais mal conservé.

171 — Ornements pour l'orfévrerie. 6 pièces.

172 — Ornements d'orfévrerie de l'invention, de *Jean Dill*, polonais. J. Somer excudit.

173 — Modèles d'ornements à exécuter en cuivre au vernis or moulu au feu. 23 pièces lithographiées.

174 — Ornements, cartouches, etc., par Vagner, d'Hautel, etc. 18 pièces.

175 — Bagues par Henri Toutin à Chateaudun ; montres par Jacquart, vases et autres ornements. 7 pièces.

176 — Ornements pour la bijouterie et l'orfévrerie. 9 pièces.

177 — Armoiries et écussons. 12 pièces.

178 — Ornements et trophée antique. 9 pièces par des graveurs italiens.

179 — Arabesques italiens et un cartouche avec figures allégoriques. Rares.

180 — Fragments d'architecture, vases, etc. 15 pièces.

181 — Ornements, arabesques, etc., par Peyrotte et autres. 9 pièces.

182 — Armoiries, cartouches, chiffres, etc.; gravés de 1697 à 1764, par P. Lejoindre, Cendret, Villain, Pouget. Jardin, Pesez, Maquain, Mayer, Feret, Dassonville, Château, Chabany, Liverloz, Leroy, etc. 22 pièces.

183 — Grand cartouche bordure cannelée.

184 — Plat de Briot, cheminée, plafond, peintures antiques. 4 pièces.

185 — Sujets de la Fable et dieux marins, douze frises dédiées à P. Séguier. Heince et Fr. *Bignon inuen. et pin.*, gravé par Michel Dorigny. Le Blond, *exc.*

Ouvrages à figures & recueils sur les beaux-arts, antiquités, architecture, voyages, etc.

186 — OEuvre de Jacques Barozzi de Vignole (1er liv.). Son portrait et vues et plan du palais Caprarole. 4 pl. coloriées.

187 — L'Architecture de Philibert de l'Orme (11e liv.). Paris, 1576, in-fol., figures en bois, dont le portrait de l'auteur.

188 — L'Art de bien bastir du seigneur Léon-Baptiste-Albert, gentilhomme florentin, divisé en dix livres. Paris, Deruez, 1552. In-fol. pl. en bois, d.-rel.

189 — Traité des manières de dessiner les ordres de l'architecture antique en tovtes leurs parties, par A. Bosse. Première édition chez Aubouin. In-fol. veau.

On a ajouté la pl. de Le Pautre, qui est dans la deuxième édition de Jombert.

190 — Mémoires sur la construction de la coupole projetée de l'église de Sainte-Geneviève, pour prouver le peu de solidité de pilliers, etc., par Patte, en 1770. In-4.

191 — Restitution des deux frontons du temple de Minerve à Athènes, etc., par Quatremère de Quincy. Paris, 1825. In-fol., fig. cart.

192 — Atlas des nouvelles recherches historiques sur la principauté française en Morée et ses hautes baronies, par Buchon. Paris, pet. in-fol. d.-rel. 42 pl. lith,

193 — Voyage dans le Levant, dans les années 1817-1818, par le comte de Forbin. Paris, Engelman, 2e édition. 80 pl. Lith. par Carle et Horace Vernet, Isabey, Fragonard, Bourgeois, etc. In-fol. max, dans un carton.

194 — Notice sur la construction et la dédicace de la chapelle Saint-Louis, érigée par le roi des Français, Louis-Philippe Ier en 1841 (11e année de son règne), sur les ruines de l'ancienne Carthage, près Tunis. Paris, Fain, 1841, gr. in-4. fig., d.-rel.

195 — Antiquités de Nîmes, d'Arles, et autres. Recueil factice de quarante-six pièces gravées. In-fol., d.-rel., de la Bibliothèque du feu roi Louis-Philippe.

196 — Antiquités gallo-romaines du Vieil-Evreux, par Théodose Bonnin. Evreux, 1845. Atlas in-fol. de 50 planches dans un carton. Exemplaire avec un autographe de l'auteur ou général Gazon.

197 — Palais, maisons et autres édifices modernes, dessinés à Rome. Paris, 1798, in-fol., fig. 102.
Manque des planches.

198 — L'Augusta ducale Basilica dell'evangelisto san
Marco. In Venezia, 1761, gr. in-fol. max., d.-
rel., 11 pl. Le frontispice et le portrait de
Marco Foscari. Très-bel ouvrage sur l'église
Saint-Marc à Venise.

199 — De le Antiquita de Verona con novi agionti da
M. Zvane Caroto pitore... Verona, 1560. Livre
rare orné de pl. en bois et du portrait de Caroto. In-fol. d.-rel.

200 — Peintures de Polignote à Delphes, dessinées et
gravées d'après la description de Pausanias,
par F. Riepenhausen. Rome, 1829, gr. in-fol.
30 pièces, 2 titres et texte.

201 — Vues pittoresques et perspectives des salles du
Musée des monuments français et des princi-
paux ouvrages de sculpture, d'architecture et
de peinture sur verre qu'elles renferment,
gravés au burin en vingt estampes, par MM.
Revil et Lavallée, d'après les dessins de M. Vauzelle, avec un texte explicatif par de Roque-
fort. Paris, 1816, in-fol. cartonné. Épreuves
lettre grise.

202 — Recueil d'objets d'art et de curiosités, dessinés
d'après nature par T. de Jolimont et J. Cagniet,
gravé à l'eau-forte et publié par Caroline Nau-
det. *Paris*, 1837, 31 planches, compris le
titre.

203 — Nouveau recueil de décorations intérieures, des dessins de tapisseries, meubles, bronzes, etc., composés et gravés au trait par Aimé Chenavard. Paris, 1837, in-fol. 42 pl.

204 — Nouveau choix d'ornements divers, composés, dessinés et gravés à l'eau-forte, par Benard. Treize pièces in-4º cart.

205 — Discours sur la castramétation et discipline militaire des Romains escript par Guillaume du Choul. Lyon, Guillaume de Rouille, 1555. — Éloge d'Henri II. Lutetiæ, Vascosanum, 1570, in-fol. v. (Le dernier ouvrage incomplet du portrait.)

206 — *Monumento a Francesco Iº in Vienna, opera de Pompeo Marchesi descritta da Francesco Ambrosoli* (monument de l'empereur François Ier à Vienne). Cet ouvrage, supérieurement gravé par les plus habiles graveurs de l'Académie de Milan, est très-rare en France. Gr. in-fol. de 15 pl. dans un carton aux armes d'Autriche. Exemplaire du feu roi Louis-Philippe.

207 — Pompe funèbre du cardinal Mazarin et son éloge. Rome, 1661, fig. par Dominique Barrière et Galestruzzi, in-fol. vél. Rare.

208 — Entrée de Sigismond dans Mantoue, gravé d'apr. les dessins de Jules Romain au palais du T dans Mantoue, par Anthoinette Bouzonnet Stella. A Paris, aux galeries du Louvre, avec pr. d. R., 1775, in-fol. oblong, d.-rel. 25 pl., belles épreuves.

209 — Ornements et bas-reliefs exécutés en stuc au
Vatican, de l'invention de Raphaël quarante-
trois planches, les actes des apôtres, 15 pl., et
la vie de Léon X, 15 pl., en tout soixante et
treize pièces gravées par Bartoli; un vol. in-
fol. oblong, d.-rel.

210 — Cartovches de différentes inuentions tres-utiles.
Douze pièces. Paris, chez Melchior Tauernier,
graveur. — Pièces, autre cahier, *Rabel inuen.
et fecit.* Huit petits paysages ovales. *B. Mont-
cornet excudit.* — Quatre paysages d'après
Rabel. Douze figures du Zodiaque, P. Firens,
1608 (manque le n° 9), paysages par Mérian,
en 1624. Vingt-quatre pièces. Un in-4° oblong
vélin.

211 — Enéïde, dessins et bas-reliefs au trait, d'après les
compositions originales de L. Ademollo. S. l.
ni date, in-4°, d.-rel., 29 pl.

212 — Combat des Centaures, frise antique tirée du
palais de Spada à Rome, dessinée et gravée
par Masson et Legrand, en 1779. 11 planches.

213 — Carnavale di Roma, 1828, inventé et gravé par
F. Perry. 8 pièces.

214 — Intérieurs gravés à l'eau-forte par Mme Rinaud,
d'après les dessins de Granet. Douze pièces
avec autographe de Granet à M. Saint.

215 — Recueil de peintures et de sculptures faites
au corps législatif, sous la direction de Poyet,
architecte, composé de frises, trophées, meubles, etc., dessiné par Fragonard et gravé par
Jorand. In-fol. 18 pl. au trait.

216 — Plans raisonnés de toutes les espèces de jardins, par Thouin (Gabriel). Paris, l'auteur, 1819, in-fol., fig. (56) en feuilles.

217 — Voyage romantique en France, par le baron Taylor. *Dauphiné*, liv. 1re, 13 à 21, 23 à 33.

218 — *Champagne*, liv. 13, 16, 17, 26 et 46.

219 — *Picardie*, 92 à 96, 117 à 126. 61 à 66, 113, 116, 117 et 118.

219 bis Paris et ses monuments mesurés, dessinés et gravés par Baltard, architecte. *Paris*, 1803, 2 vol. grand in-fol., papier vélin, fig., lettre grise, cart.

220 — Basiliques de Saint-Jean-de-Latran et de Sainte-Marie-Majeure à Rome. Quatre-vingt-onze pièces, d'après les tableaux et statues contenues dans ces deux églises; un vol. in-fol., d.-rel.

221 — Statistique monumentale, arrondissement de Toul et Nancy. Cartes, plans et dessins, par Grille de Beuzelin; in-fol. de 36 planches; la dernière représente des vitraux coloriés.

222 — Description de la cathédrale de Basle et de ses curiosités. Basle, 1842, 17 pl. demi-rel.

223 — Dissertation sur l'église collégiale de Notre-Dame de Neuchâtel, avec plans et dessins par G. A. Matile. Neufchâtel, Attinger, 1847.

224 — Quarante vues de Milan, dessinées et gravées par C. Lose, et publiées par *Vallardi*; in-8o oblong cartonné.

225 — Vues choisies des monuments antiques de Rome, dessinées et lithographiées par J. Alaux et J.-B. Lesueur. Paris, Engelman, trois livr., neuf pl., papier de Chine. (C'est tout ce qui a été publié.)

226 — Vues de la Grèce moderne, lithographiées par A. Joly, accompagnées d'un texte descriptif. Paris, 1824, in-fol.

Dessins d'architecture et d'ornement, par divers maîtres.

227 — **Arpinas**, dit le **Josepin** (Joseph). Dessin d'architecture à la plume, lavé au bistre.

228 — **Baltard.** Vue du Louvre. Aquarelle.

229 — Paysage avec animaux ; dessin à la sépia.

230 — Statues, bas-reliefs, ornements divers, façades, etc., du palais du Louvre. Quarante-un dessins à la sanguine qui sont gravés dans l'o⸱ ge décrit au n° 219 bis du Catalogue. Cet article sera divisé.

Quarante contre-épreuves de ces mêmes dessins.

231 — Chapiteaux et entablement du palais du Louvre ; dessin lavé à l'encre de Chine.

232 — Salle du Musée des Antiques, dessin au crayon.

233 — Rebecca à la fontaine ; Jésus guérissant les aveugles de Jéricho. Deux dessins au crayon rouge. — La mort de Saphire, contre-épreuve.

234 — **Berain.** Un dessin panneau d'ornement pour la marqueterie ; à la plume, lavé d'indigo.

235 — **Bouchet** (J.-JULES), architecte. Vues de divers lieux d'Italie et de Sicile ; dix dessins précieusement exécutés à la pierre d'Italie et un à la sépia. Cet article sera divisé.

236 — Quatorze dessins et calques ; monuments de Pompeï.

237 — Ruines de Pompeï ; huit dessins coloriés.

238 — **Bourgeois** (CONSTANT). Vues de fabriques, dessinées d'après nature à Rome, à Gênes et à Naples ; neuf dessins lavés à la sépia.

239 — **Carrache** (ANNIBAL). Dessin d'architecture lavé au bistre.

240 — **Castellan**. Vues à Rome, à Florence et en Grèce. 20 dessins.

241 — Quatorze dessins par Castellan et autres. Études.

242 — **Chastelet**. Vue de Naples ; dessins coloriés pour le voyage de Naples et Sicile.

243 — **Clerisseau**, architecte. Monuments en ruines ; dessin colorié à la gouache.
— Riche temple en ruine ; dessin à la gouache.

244 — Monuments en ruines, où se reposent plusieurs figures. Dessin à la gouache.

245 — **Dedeban**, ARCHITECTE. Vue de l'église Saint-Louis des Français à Rome ; dessin colorié.

246 — **Demachy**, ARCHITECTE. Intérieur d'un temple ; dessin à la plume et colorié.

247 — **Dunouy**. Vue du village de la grotte, sur la route de Naples à Pœstum. Dessin lavé à l'encre, avec figure de Sueback.

248 — **École italienne.** Dessin d'autel, à la plume et au bistre, d'une grande finesse d'exécution.

249 — **École allemande**. Seizième siècle. Ornements, armoiries, cartouches, vases, etc.,
pour des vitraux, par Tobie Stimer, San-
drart, etc. Quinze curieux dessins à la plume,
lavés et coloriés, du cabinet Wischer. Cet
article sera divisé.

250 — **Guardi**. Barques et gondoles vénitiennes sur le
grand canal.

251 — Vue de Venise ; dessin au bistre.

252 — Quatre dessins à la plume.

253 — **Guindrand**, A ROME. Vues d'Italie. Quatre
dessins à la pierre d'Italie.

254 — **Hackert** (PHILIPPE). Beau paysage ; dessin lavé
au bistre et à l'encre.

255 — **Hittorff** (M.). Charpente pour élever la statue
de l'empereur sur la colonne de la place Ven-
dôme ; étayement de l'église Saint-Germain-
des-Prés. Quatre dessins par M. Hittorff.

256 — **Lallemand**. Place du Peuple à Rome ; dessin
lavé à l'encre.

257 — Vue de la place de Saint-Pierre de Rome ; dessin
à la plume, lavé à l'encre.

258 — **Lesueur**, ARCHITECTE. Vue du palais de Saint-
Cloud ; dessin lavé à l'encre de Chine.

259 — **Maréchal**, PEINTRE ET ARCHITECTE en 1786. Vues
des jardins de la Folie Saint-James à Neuilly.
Quatre jolis dessins lavés au bistre.

260 — **Moitte**. Projet de frontispice pour l'église de
la Madeleine ; dessin lavé à l'encre de Chine.

261 — **Nicole**. Deux dessins oratorio. Aquarelles.

262 — Intérieur d'une citerne. Aquarelle.

263 — Vue des coupoles de Sainte-Marie-Majeure, prise de la Sabarra, à Rome. Dessin lavé au bistre.

264 — Le Panthéon et l'Arc Constantin ; deux grands dessins à la sépia.

265 — **Pannini** (attribué à). Riche temple antique ; dessin très-terminé à la plume et à l'encre.

266 — **Pau de Saint-Martin**, 1780. Vue d'un ancien château fort ; dessin au crayon.

267 — **Percier**, ARCHITECTE. Napoléon conquérant de l'Égypte ; dessin pour une médaille, à la plume, lavé au bistre.

268 — **Percier**, ARCHITECTE. Son portrait au crayon et un bas-relief, dessin à la plume, lavé de bistre, qui lui est attribué.

269 — **Piranèse.** Ruine d'un temple ; beau dessin lavé au bistre.

270 — Temple en ruines ; beau dessin lavé au bistre.

271 — **Robert** (HUBERT). Arc de triomphe ; dessin à la plume, lavé au bistre.

272 — Arc de triomphe à Orange ; dessin lavé au bistre.

273 — Une fontaine, un intérieur, etc.; trois dessins au crayon et à la sanguine.

274 — **Silvestre** (ISRAEL). Vue de Saint-Pierre de Rome ; dessin à la plume et lavé.

275 — **Thibault**, ARCHITECTE. Vue près Bologne ; dessin lavé au bistre.

276 — La Villa Medicis, dessin à la sépia.

277 — Cascade de Tivoli ; esquisse sur métal.

277 bis **Thiénon** PÈRE. Ruines romaines ; dessin à la sépia.

278 — **Vauzelle**. Salle de sculpture du musée des monuments français ; dessin à l'aquarelle. *Cl.*

279 — Mausolée du cardinal de Richelieu, à la Sorbonne ; aquarelle, en 1819. *Cl.*

280 — Vue du jardin des monuments français ; aquarelle. *Cl.*

281 — Autre vue du jardin où se voit le tombeau de Diane de Poitiers ; aquarelle. *Cl.*

282 — Autre vue où se voit le tombeau de l'amiral Chabot ; aquarelle. *Cl.*

283 — Autre vue : le tombeau d'Héloïse et d'Abeilard ; aquarelle. *Cl.*

283 bis — Fragments de tombeaux ; deux dessins par Vauzelle, fleurons pour le musée français. *Cl.*

284 — **Van Vitelli**. Vue de la place du Peuple à Rome ; beau dessin à la plume et au bistre. *Loiselet*

285 — Entrée d'une ville ; dessin à la plume et lavé.

286 — **Vailly** (de), ARCHITECTE. Décoration du palais d'Armide ; beau dessin à la plume, lavé au bistre. *Rochoux*

Dessins divers d'ornements et d'architecture.

287 — Modèles de cadres en bois sculptés et armoriés pour glaces et portraits pour les appartements de Louis XVI. Plusieurs de ces modèles approuvés par le ministre de Vergennes, et datés de 1779 à 1786. Seize dessins à la plume lavés et coloriés. *Bonnevie*

288 — Vases, cartouches, armoiries et autres ornements. Seize dessins à la plume, à la sanguine et lavé à l'encre. Cet article sera divisé. *Bonnevie*

289 — Intérieurs de monuments. Trois dessins, lavés à l'encre.

290 — Fronton de l'acropólis d'Athènes. Dessin à la plume.

291 — Vue sur le Tibre, intérieur de temple, etc. Six dessins d'architecte.

292 — Arabesques. Trois dessins italiens.

293 — Brevet, affiliation à la Compagnie de Saint-Roch, en 1734, cinq feuillets sur vélin dont deux dessins coloriés; saint Roch en prière, et des armes.

294 — Vues et plans des pyramides d'Égypte, obélisque et colonne de Pompée à Alexandrie. Dix-neuf dessins d'architectes de la commission d'É-gypte.

Dessins de vues de Paris et de diverses villes et monuments de France, par divers architectes.

295 — **Bataille**, 1786. Vue du Jardin du Roi et de l'Arsenal. Deux dessins coloriés.

296 — **Gemillon**, 1783. Vue de l'ancien Châtelet à Paris. Deux dessins coloriés.

297 — **Hilaire Le Bru**, an III de la république. Amphithéâtre d'anatomie au Jardin des Plantes à Paris. Aquarelle.

298 — Le Panthéon français. Aquarelle.

299 — Vues des Serres du Jardin des Plantes. Quatre jolies aquarelles.

300 — Vues du Cabinet d'histoire naturelle, du Jardin botanique, du Labyrinthe, etc. Quatre aqua-relles.

301 — **Lallemand**, 1785. Saint-Sulpice, le Luxembourg, Théâtres de l'Odéon, de la Comédie-Italienne, de l'Opéra, l'Ambigu, et l'Hôtel Montmorency. Huit dessins à la gouache.

302 — Vue de l'abbaye de Cluny près Mâcon. Dessin colorié.

303 — Vues de monuments de Paris, églises, hôtels, théâtres, etc. Dix dessins coloriés.

304 — **Meunier**, architecte, 1782. Vue de la fontaine des Innocents. Dessin colorié.

305 — Eglise de Saint-Barthélemy, Hôtel de Salm (aujourd'hui le palais de la Légion-d'Honneur), Fontaine de la rue de Grenelle, par Girardon, et Tombeau de ce sculpteur à Saint-Landry. Quatre dessins coloriés.

306 — Palais-Royal et Théâtre-Français, extérieur et intérieur de la salle avant la révolution. Trois dessins.

307 — Vues de Saint-Cloud près Paris. Trois dessins coloriés.

308 — **Moitte** (Philibert), architecte, 1785. Vue du portail et de l'intérieur de l'église Notre-Dame de Paris, au moment de l'arrivée de la reine Marie-Antoinette. Deux dessins coloriés.

309 — **Morel** (P.). Vue du Jardin des Plantes à Paris. Aquarelle.

310. — **Pérignon**. Caserne de Courbevoie, et Ile de Puteaux près Paris. Deux dessins coloriés.

311 — **Inconnu**. Vue du Palais de Justice et de la Sainte-Chapelle. Beau dessin lavé et colorié.

312 — Les Carmélites de la rue Saint-Jacques, Ruines
de l'église des Bernardins à Paris, Abbaye de
Saint-Denis et Château de Creil. Quatre dessins
lavés à l'encre de Chine.

Vues de villes et châteaux en France.

313 — **Boissieu.** Rocher basaltique d'Auvergne.
Trois dessins lavés à l'encre de Chine et à la
plume, pour un voyage en Auvergne, et les
gravures.

314 — **Daubigny**, 1780. Vues en Corse, dont Port de
Bastia, Tour de Senèque, Ville et Citadelle
de Saint-Florent. Huit dessins lavés à l'encre.

315 — **Demay** (Olivier), 1780. Vue de Viviers dans le
Vivarais, Château de Rochemaure, et Rochers
de basalte en prisme. Quatre dessins coloriés.

316 — Vues de la Ville de Valence, du Château de Creil,
de Rochers de laves en Dauphiné. Quatre dessins coloriés.

317 — **Inconnu.** Vues des anciennes portes de Mar-
tainville, Saint-Hilaire, Cauchoise, etc., à
Rouen; Château d'Harcourt, et Vues à Brionne.
Huit dessins faits vers 1780.

318 — Antiquités, sceaux, cérémonies, usages et cou-
tumes de la ville de Perpignan. Neuf dessins
lavés et coloriés.

319 — Vues de Perpignan, Port Vendre et l'Hôtel de
Ville de Châlons. Sept dessins lavés à l'encre
de Chine, par Margouet.

320 — Vues du Pont du Gard. Deux dessins, un lavé, un colorié.

321 — Vue du Château et Parc de Chantilly. Huit dessins coloriés en 1785, marqués A. F.

322 — **Lallemand**, 1780. Vue de l'Église de Brou à Bourg en Bresse.

323 — Tombeaux de la duchesse de Savoye, de Philippe le Beau et autres, dans l'église Notre-Dame de Brou, à Bourg en Bresse. Quatre dessins coloriés par Lallemand.

324 — Tombeau des ducs de Bourgogne à Dijon. Deux dessins coloriés.

325 — Vues de la Ville de Rouen. Quatre dessins coloriés.

326 — Vue générale de la Ville d'Amiens, et autres vues partielles. Cinq dessins à la gouache.

327 — Vues des Villes de Salins, Mâcon et Autun. Quatre dessins coloriés.

328 — Vues de la Ville de Lyon. Quatre dessins coloriés.
Vues de la ville de Lyon et ses environs. Huit dessins coloriés.

329 — **Lespinasse** (Le chevalier de), 1785. Vue générale de Perpignan, une du côté de la France; vue de Port-Vendre. Trois dessins coloriés à la gouache.

330 — Vues de Perpignan et ses environs. Huit jolis dessins coloriés à la gouache par le chevalier de Lespinasse, d'après les croquis de M. le chevalier de La Grave, officier au régiment de Médoc.

331 — Perpignan. Vues des monuments de la ville, Ecole militaire, Université, etc. Quatre dessins coloriés, du même.

332 — **Limozin**, 1793. Statues et détails gothiques de la cathédrale et diverses églises à Amiens. Dix-huit dessins à la plume et lavés.

333 — **Meunier**, architecte en 1780. Vues de la Ville du Puy en Velay ; de Monistrol sur la route de Lyon ; Village et Château d'Espaly près la ville du Puy ; Château-fort de Polignac. Vue générale du Velay prise du rocher Dedoué. Sept dessins coloriés. Sera divisé.

334 — Vue de la principale façade de l'église Saint-Maurice ; vue d'un Obélisque bâti par les Romains, et vue de l'Eglise de Notre-Dame-de-Vic, à Vienne (Isère). Trois dessins coloriés.

335 — Eglises de Saint-Sévère, de Saint-Pierre, et Cloître de Notre-Dame en l'Ile, et de Saint-Maurice, à Vienne (Isère). Quatre dessins coloriés.

336 — Château-Renard, construit par le roi René ; la Sainte Beaume, Château de Labatie, Couvent des Chartreux à Marseille. Quatre dessins coloriés.

337 — Eglise de Saint-Victor, vue de la ville d'Istres, vue des Martigues, et château de la Barben, à Marseille et environs. Quatre dessins coloriés.

338 — Antiquité de Saint-Remi, département des Bouches-du-Rhône. Dessin colorié.

339 — Vues du beau Château et Village de la Tour
d'Aigues.

Ce château, l'un des plus beaux de la Provence, a été
incendié en 1779, et les restes détruits à la révolution
de 1793.

340 — Vue de la Porte d'Avignon et intérieur de l'é-
glise Saint-Maurice, à Vienne (Isère); vue du
Cloître de Notre-Dame-du-Puy (Haute-Loire).
Trois dessins coloriés par Meunier en 1789.

341 — **Savart**, 1780. Vue d'Altigny (Champagne),
bourg où mourut Clovis. Vues de Rocroi, Char-
leville, Pont-de-l'Arche, etc. Cinq dessins coloriés.

342 — **Tavernier de Jonquières**, 1780. Ruines
du château de Pierrefonds. Quatre dessins coloriés.

343 — Vue de la Ville de Laon, ses portes, ses remparts,
ses églises, etc. Onze dessins coloriés.

344 — Vues de diverses Eglises de Laon, et l'Abbaye
de Prémontré et autres. Dix dessins coloriés.

345 — Vues de la ville de Saint-Quentin et ses environs,
ses portes, ses remparts, ses églises; Châteaux
de Brèle, de Clermont; Abbaye de Saint-Lu-
cien, de Froidmont, etc. Dix dessins lavés et
coloriés.

346 — Vues générales de Beauvais et ses manufactures;
de Saint-Quentin, cathédrale, châteaux de
Coussi, de Nointel, et l'abbaye de Prémontré.
Sept dessins coloriés.

347 — Châteaux de Nointel, de Mouchy, de Fitz-James, de la Neuville, et reste du château où naquit saint Louis. Sept dessins lavés et coloriés.

348 — Vues de la Ville de Guise et vues du Canal de Picardie (Aisne). Douze dessins coloriés.

349 — Vue de la Ville et du Château de Marle, résidence de la mère de Henri IV ; Notre-Dame de Liesse ; tour et antiquités de Coussi. Neuf dessins coloriés.

350 — Beauvais, divers monuments et les châteaux de Pinon, Danisy, Blérancourt, et abbaye de Nogent-sous-Coussy, et Saint-Nicolas-aux-Bois. Onze dessins coloriés.

351 — **Pérignon**. Vues de Sicile. Deux jolies gouaches.

DESSINS CHINOIS.

352 — Meubles et ustensiles domestiques en usage en Chine. Dix dessins faits à la gouache dans le pays. Curieux et rare. In-fol., cartonnage du pays.

353 — Combat chinois et scènes diverses. Dix beaux dessins à la gouache faits en Chine. In-fol. cartonnage du pays.

354 — Vues de Villes de Chine. Deux grandes pièces gravées en bois dans le pays et enluminées.

355 — Vue de la Baie de Simonoseki, dans la province de Nagato, empire du Japon.

Curieux dessin à la gouache fait dans le pays ; il est collé sur toile et dans un étui ; il vient de la bibliothèque du roi Louis-Philippe.

356 — Dessins chinois et indiens. Trois pièces.

357 — Un dessin indien.

ETUDES PEINTES.

358 — **Pau de Saint-Martin**, 1799. Etudes de saules et études d'arbres morts.

359 — **Barbier aîné**. Cornélie, mère des Gracques. Esquisse peinte.

360 — **Chauvin**, peintre. Vues d'Italie. Trois études peintes.

361 — Tous les articles omis.

RENOU et MAULDE, imprimeurs de la Compagnie des Commissaires-Priseurs, rue de Rivoli, 144.   1650